Los edificios de Nueva York

por Ann Mace

fotografías de Tim Holmstrom

Richard C. Owen Publishers, Inc.
Katonah, New York

Hay muchos edificios en la ciudad de Nueva York.

Este edificio es famoso.

Este edificio es redondo.

Este edificio es estrecho.

Estos edificios son muy, muy altos.

Este edificio es precioso.
Brilla a la luz del día.

Brilla durante la noche.

Este edificio está protegido por dos leones.

Pero el mejor edificio de la ciudad de Nueva York es éste...

porque nosotros vivimos allí.